ACADEMIC

KOREAN WRITING

Intermediate Level Ⅰ

대학 강의 수강을 위한

한국어 쓰기

중급 Ⅰ

연세대학교 한국어학당 편

연세대학교 출판문화원

대학 강의 수강을 위한

한국어 쓰기 (중급 I)

편저자 연세대학교 한국어학당 교재편찬위원회
집필진 한송화 · 강혜림 · 조인옥 · 박민진 · 박지원
펴낸곳 연세대학교 출판문화원

주소 서울시 서대문구 연세로 50
전화 02) 2123-3380~2
팩스 02) 2123-8673
ysup@yonsei.ac.kr
http://www.yonsei.ac.kr/press
등록 1955년 10월 13일 제9-60호
인쇄 (주)네오프린텍
삽화 문춘경 외

2012년 5월 25일 1판 1쇄 2025년 3월 28일 1판 12쇄
ISBN 978-89-7141-990-8 (08710)
978-89-7141-987-8 (세트)

값 9,000원

머리말

국내 최고의 명성으로 한국어 교육의 50년 전통을 이어 온 연세대학교 언어연구교육원 한국어학당에서는 한국어 교육의 질을 높이기 위해 그동안 많은 교재를 편찬해 왔다. 최근 한국 내 대학, 대학원에서 수학하고 있거나 진학하고자 하는 외국인이 증가함에 따라 학문을 목적으로 하는 한국어 교재에 대한 학습자들의 요구가 높아지고 있다. 이에 따라 연세대학교 언어연구교육원 한국어학당에서는 대학 수학을 목적으로 하는 외국인 유학생들을 대상으로 한국어와 한국 문화를 교육할 수 있는 새로운 교재를 출간하게 되었다.

연세대학교 언어연구교육원 한국어학당에서 출간하는 이 교재는 대학 생활에 필요한 의사소통 기능을 집중적으로 향상시킬 수 있는『대학 생활을 위한 한국어』시리즈와 대학에서의 수학 능력을 집중적으로 향상시킬 수 있는『대학 강의 수강을 위한 한국어』시리즈로 되어 있다.『대학 생활을 위한 한국어』시리즈는 초급 학습자를 위한『대학 생활을 위한 한국어 초급』, 중급 학습자를 위한『대학 생활을 위한 한국어 중급 Ⅰ』,『대학 생활을 위한 한국어 중급 Ⅱ』로 되어 있으며,『대학 강의 수강을 위한 한국어』시리즈는 중급 학습자를 위한『대학 강의 수강을 위한 한국어 중급 Ⅰ』,『대학 강의 수강을 위한 한국어 중급 Ⅱ』그리고 고급 학습자를 위한『대학 강의 수강을 위한 한국어 고급』으로 되어 있다.

『대학 생활을 위한 한국어』시리즈는 한국어 학습 단계별로 요구되는 내용을 주제로 말하기, 듣기, 쓰기 능력을 향상할 수 있도록 다양한 과제와 활동으로 구성된 분리형 교재이다. 그리고『대학 강의 수강을 위한 한국어』시리즈는 대학 수학에서 요구되는 기능과 장르를 중심으로 말하기, 듣기, 쓰기, 읽기 능력을 향상할 수 있도록 실용적인 과제와 활동으로 구성된 분리형 교재이다. 이들 교재에서는 학습자들이 흥미를 가질 수 있는 주제와 상황을 기초로 여러 가지 의사소통 기능 및 전략을 배울 수 있도록 배려하였다.

『대학 생활을 위한 한국어』와『대학 강의 수강을 위한 한국어』가 연세대학교 언어연구교육원 한국어학당에서 공부하는 학생들뿐만 아니라 한국 내에서 대학, 대학원 수학을 목적으로 하고 있는 모든 한국어 학습자들에게 도움이 되기를 바란다.

연세대학교 언어연구교육원
한국어학당 교재편찬위원회

일러두기

- 『대학 강의 수강을 위한 한국어 쓰기 중급 I』은 총 10개의 단원으로 이루어져 있다.
- 각 단원에서는 제목과 함께 담화 형식 및 기능이 드러나도록 학습목표가 제시된다.
- 각 단원은 모두 세 단계로 구성되며, 이는 [준비해 봅시다], [써 봅시다], [정리해 봅시다]로 구성된다.

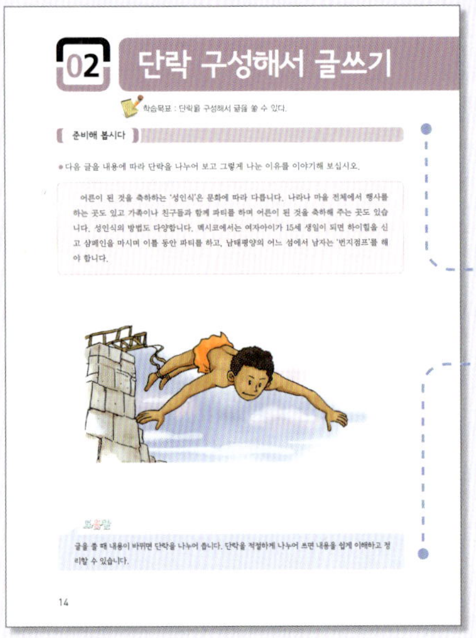

준비해 봅시다

도입 단계로서 단원의 학습 목표 기능에 대한 스키마를 불러올 수 있는 읽기 활동으로 구성된다.

- 학습목표 기능에 관한 학습자의 스키마를 활성화할 수 있도록 목표 쓰기 기능이 드러나는 짧은 텍스트가 제시된다.
- 쓰기 전략을 확인할 수 있도록 학습목표 기능에 도움말이 제시된다.

써 봅시다

총 3단계로 구성되며, 각 단계는 난이도와 길이에 있어서 각각 구분이 되도록 구성하였다.

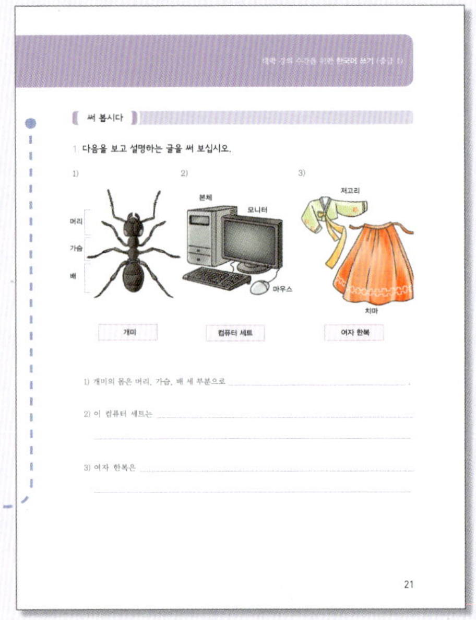

[1]단계는 단락 쓰기 이전의 warm-up 활동으로 구성된다. 이에서는 목표 기능과 관련된 문장 쓰기, 문장 배열하기 등 중급 학습자가 학문목적 글쓰기에 친숙하게 접근할 수 있도록 난이도를 낮추어 쓰기 활동을 할 수 있도록 자료와 활동지가 제시된다.

[2]단계에서는 한 단락 길이의 통일된 글쓰기를 할 수 있도록 구성하였다. 이에서는 모두 3개의 다양한 주제로 목표 기능과 관련된 한 단락 길이의 글을 쓰도록 그림이나 도표 등 글을 쓸 수 있는 자료가 제시된다.

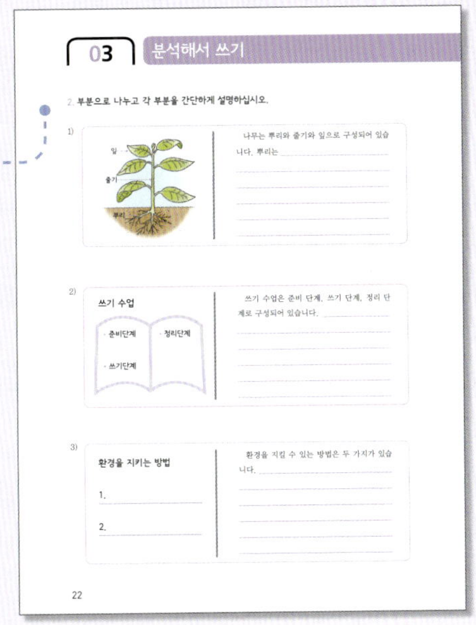

03 분석해서 쓰기

2. 부분으로 나누고 각 부분을 간단하게 설명하십시오.

1) 나무는 뿌리와 줄기와 잎으로 구성되어 있습니다. 뿌리는

2) 쓰기 수업

- 준비단계
- 정리단계
- 쓰기단계

쓰기 수업은 준비 단계, 쓰기 단계, 정리 단계로 구성되어 있습니다.

3) 환경을 지키는 방법

1.
2.

환경을 지킬 수 있는 방법은 두 가지가 있습니다.

22

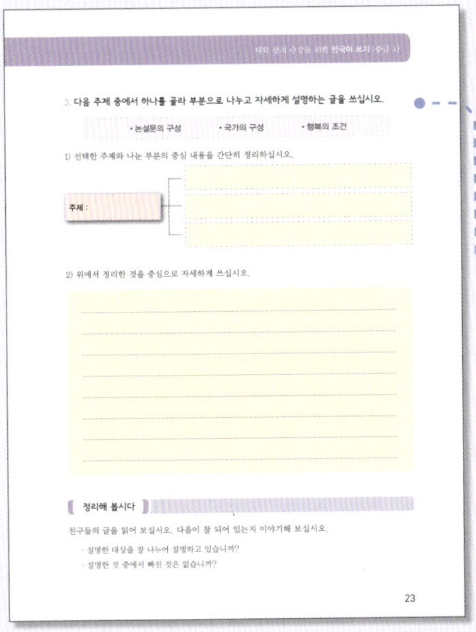

대학 강의 수강을 위한 한국어 쓰기(중급 1)

3. 다음 주제 중에서 하나를 골라 부분으로 나누고 자세하게 설명하는 글을 쓰십시오.

• 논설문의 구성 • 국가의 구성 • 행복의 조건

1) 선택한 주제와 나눈 부분의 중심 내용을 간단히 정리하십시오.

주제 :

2) 위에서 정리한 것을 중심으로 자세하게 쓰십시오.

정리해 봅시다

친구들의 글을 읽어 보십시오. 다음이 잘 되어 있는지 이야기해 보십시오.

· 설명한 대상을 잘 나누어 설명하고 있습니까?
· 설명한 것 중에서 빠진 것은 없습니까?

23

[3]단계에서는 다다락 구조의 텍스트를 생산하는 단계이다. 다양한 주제로 글을 쓰는 단계로서 학습자들의 목표 기능을 가장 잘 연습할 수 있는 주제를 제시하고 목표 기능을 연습할 수 있도록 유도 질문과 활동지가 제시된다.

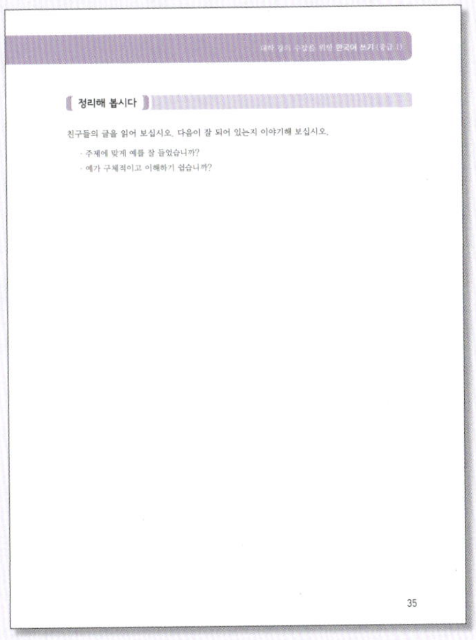

대학 강의 수강을 위한 한국어 쓰기(중급 1)

정리해 봅시다

친구들의 글을 읽어 보십시오. 다음이 잘 되어 있는지 이야기해 보십시오.

· 주제에 맞게 예를 잘 들었습니까?
· 예가 구체적이고 이해하기 쉽습니까?

35

정리해 봅시다

쓴 글을 발표하게 하거나 동료의 글을 평가하게 함으로써 글쓰기 활동을 정리하고 마무리한다.

차례

내용 구성

과	제목	과제와 기능	글의 종류
1	주제문과 단락쓰기	한 단락 구성의 글쓰기	설명하는 글
2	단락 구성해서 글쓰기	다단락 구성의 글쓰기	설명하는 글
3	분석해서 쓰기	분석해서 자세히 글쓰기	설명하는 글
4	분류해서 쓰기	분류해서 자세히 글쓰기	설명하는 글
5	예시하여 글쓰기	적절한 예를 들어 글쓰기	주장하는 글
6	의견 제시하는 글쓰기	의견을 제시하는 글쓰기	주장하는 글
7	요약하여 글쓰기	정보를 정리하고 요약하여 글쓰기	요약문
8	답안 쓰기	질문에 적절한 답안 쓰기	주장하는 글
9	입말과 글말	글 쓸 때 적합한 표현으로 글쓰기	–
10	문법에 맞게 글쓰기	문법과 규칙에 맞는 글쓰기	–

01 주제문과 단락 쓰기

학습목표 : 주제에 맞는 주제문과 단락을 쓸 수 있다.

준비해 봅시다

● 다음 글을 읽고 주제문을 찾아보십시오. 왜 그것이 주제문입니까? 이야기해 보십시오.

한국 사람은 고추를 많이 먹습니다. 김치, 떡볶이, 여러 가지 찌개 등에 고춧가루나 고추장을 넣습니다. 국이나 반찬을 만들 때에도 고춧가루를 조금씩 넣습니다. 요리를 따로 하지 않고 된장이나 고추장에 고추를 찍어서 먹기도 합니다.

도움말

글을 쓸 때에는 주제문을 쓰고 그 주제문에 대한 내용을 써야 합니다. 한 단락에 서로 다른 내용이 있으면 안 됩니다.

써 봅시다

1. 다음을 읽고 주제문을 써 보십시오.

1)

나무는 ________________________ . 나무의 초록색 잎과 여러 가지 색의 꽃은 우리 주변을 아름답게 만듭니다. 그리고 나무는 산소를 만들어서 우리에게 필요한 산소를 줍니다. 또 나무는 나쁜 공기를 사람 몸에 좋은 공기로 바꾸어 주기도 합니다.

2)

________________________. 기숙사에서 생활하면 도서관이나 학생회관 같은 여러 가지 학교 시설을 이용하기가 편리합니다. 그리고 다른 학생들과 함께 즐거운 생활을 할 수도 있습니다. 또 기숙사에서 만나는 친구나 같은 과 친구와 함께 학생들끼리의 모임을 하면서 재미있는 경험을 할 수 있습니다.

3)

쇼핑을 할 때 싼 가격에 물건을 사기 위해 백화점이 아닌 시장을 이용하는 사람들이 많습니다. 하지만 시장에서 물건을 사면 물건을 교환하고 환불하기 어렵고, 서비스가 안 좋을 때도 있습니다. 그리고 백화점의 물건보다 질이 나쁜 것도 많고, 오래 사용하지 못하고 버리기도 합니다. 이처럼 ________________________

________________________.

01 주제문과 단락 쓰기

2. 다음 주제문을 중심으로 한 단락을 완성해 보십시오.

1)

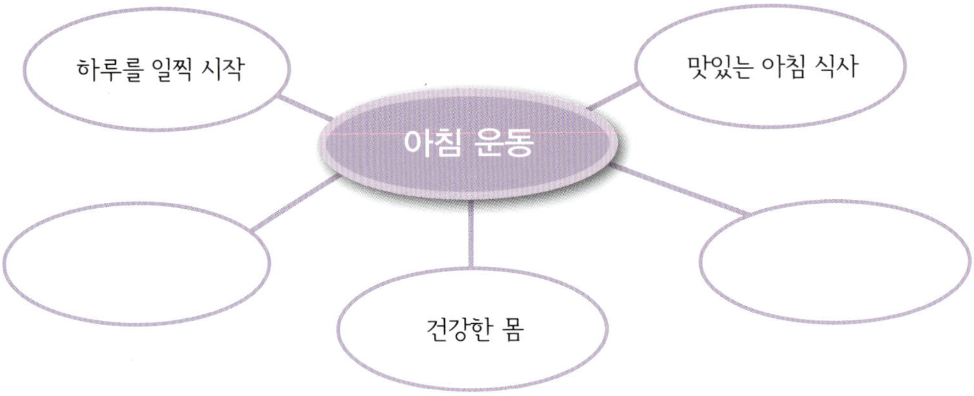

아침 운동을 하면 여러 가지 좋은 점이 있습니다. ______________________

____

____

____

____

2)

겨울에 할 수 있는 운동에는 여러 가지가 있습니다. ______________________

____

____

____

3)

한 국	중 국
• 그릇을 들고 먹으면 안 됩니다. • 양손에 젓가락과 숟가락을 들고 먹으면 안 됩니다. • 음식을 남기지 말아야 합니다.	• 그릇을 손에 들고 젓가락을 사용해서 먹습니다. • 숟가락은 국물을 먹을 때 사용하고 소리를 내지 말아야 합니다. • 음식을 조금 남깁니다.

한국과 중국의 식사 예절에는 차이가 있습니다. ______________________

____

____

____

____

01 주제문과 단락 쓰기

3. 다음의 주제 중에서 하나를 골라 주제문을 쓰고 단락을 써 보십시오.

- 돈을 아끼는 방법
- 유학의 장점

1) 주제문을 써 보십시오.

2) 주제문을 넣어서 단락을 완성해 보십시오.

정리해 봅시다

친구들의 글을 읽고 다음이 잘 되어 있는지 이야기해 보십시오.

- 주제문에 맞게 단락이 쓰였습니까?
- 주제문과 다른 내용은 없습니까?

02 단락 구성해서 글쓰기

학습목표 : 단락을 구성해서 글을 쓸 수 있다.

준비해 봅시다

● 다음 글을 내용에 따라 단락을 나누어 보고 그렇게 나눈 이유를 이야기해 보십시오.

어른이 된 것을 축하하는 '성인식'은 문화에 따라 다릅니다. 나라나 마을 전체에서 행사를 하는 곳도 있고 가족이나 친구들과 함께 파티를 하며 어른이 된 것을 축하해 주는 곳도 있습니다. 성인식의 방법도 다양합니다. 멕시코에서는 여자아이가 15세 생일이 되면 하이힐을 신고 샴페인을 마시며 이틀 동안 파티를 하고, 남태평양의 어느 섬에서 남자는 '번지점프'를 해야 합니다.

도움말

글을 쓸 때 내용이 바뀌면 단락을 나누어 씁니다. 단락을 적절하게 나누어 쓰면 내용을 쉽게 이해하고 정리할 수 있습니다.

써 봅시다

1. 다음 주제로 두 단락의 글을 쓰려고 합니다. 각 단락의 주제문을 써 보십시오.

1) 휴대전화 예절을 지켜야 합니다.

- 단락 1: 요즘 휴대전화가 없는 사람이 없습니다.
- 단락 2:

2) 물을 아껴 써야 합니다.

- 단락 1: 우리가 사용할 수 있는 물은 적습니다.
- 단락 2:

3) 대학교에서 시험은 없어져야 합니다.

- 단락 1:
- 단락 2:

2. 위의 주제로 단락을 완성해 보십시오.

1)

요즘 휴대전화가 없는 사람이 없습니다. 직장인은 물론이고 초등학생까지 휴대전화를 가지고 있습니다. 길에서나 지하철에서도 전화를 하는 사람이 많고 하루 24시간 동안 항상 켜 두고 있는 사람들이 많습니다.

그런데 가끔 조용한 버스나 지하철에서 큰 소리로 통화하는 사람 때문에 짜증이 나는 경우가 있습니다.

2)

지구의 70% 이상은 물입니다. 하지만 그 물의 97%는 바닷물이고 나머지도 대부분 남극과 북극에 있는 얼음이기 때문에 우리가 쓸 수 있는 물은 그렇게 많지 않습니다. 게다가 환경오염이 심각해져서 우리가 사용할 수 있는 물은 점점 줄고 있습니다. 국제 연합의 1997년 발표에 따르면, 2050년에는 전 세계 인구의 약 3분의 2가 물이 부족해서 생활이 힘들어질 것이라고 합니다.

3)

대학생들은 학기 중에 강의와 보고서, 발표 준비, 시험으로 바쁜 날을 보냅니다. 일주일에 5~6과목을 들으면 밤을 새워서 공부하고 과제를 해야 하기 때문에 어떤 한 과목의 수업에 더 많은 시간을 들여서 연구할 시간도 없고, 하나의 공부에 집중할 수도 없습니다. 그리고 학기 중에 발표와 토론으로 거의 매 시간 평가를 받고 있습니다.

3. 다음 주제 중에서 하나를 골라서 글을 쓰십시오.

1) 주제에 맞게 단락의 주제문을 써 보십시오.

- 인터넷의 장점과 단점
- 더 개발되면 좋은 인터넷의 기능

단락 1

단락 2

2) 각 단락의 주제문에 맞게 글을 완성해 보십시오.

제목 : ______________________________

정리해 봅시다

친구들의 글을 읽어 보십시오. 다음이 잘 되어 있는지 이야기해 보십시오.

- 내용에 맞게 단락이 잘 구성되어 있습니까?
- 모든 내용이 주제와 잘 맞습니까?

03 분석해서 쓰기

학습목표 : 대상을 부분으로 나누어서 자세히 쓸 수 있다.

준비해 봅시다

● 인간에 대해 설명하려고 합니다. 어떻게 나누어서 설명하겠습니까?

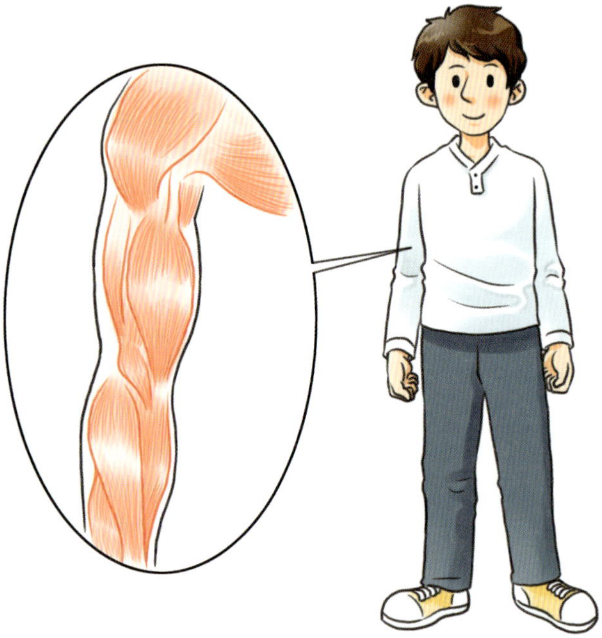

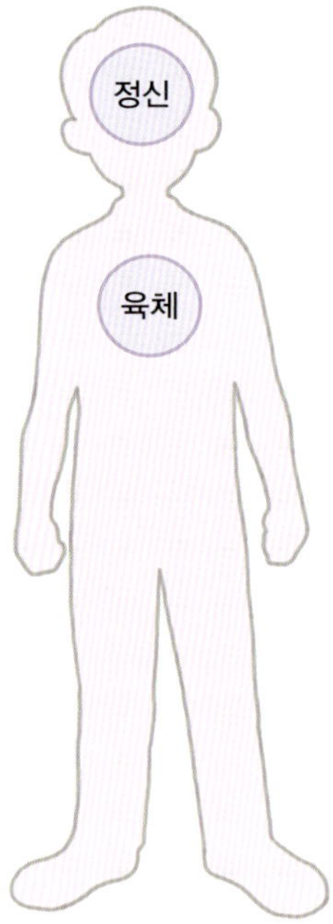

● 여러분은 어떻게 나누어서 설명했습니까? 그 첫 문장을 골라 보십시오.

인간은 머리, 몸통, 팔, 다리로 이루어져 있습니다.

인간의 조직은 피부, 근육, 뼈, 혈관으로 구성되어 있습니다..

인간은 육체와 정신으로 이루어져 있습니다.

도움말

하나를 부분으로 나누어서 설명하면 특징이나 기능을 잘 설명할 수 있습니다.

써 봅시다

1. 다음을 보고 설명하는 글을 써 보십시오.

1)

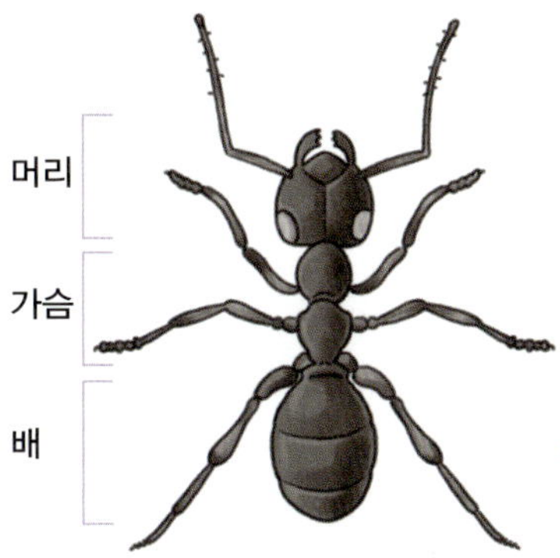

개미

2)

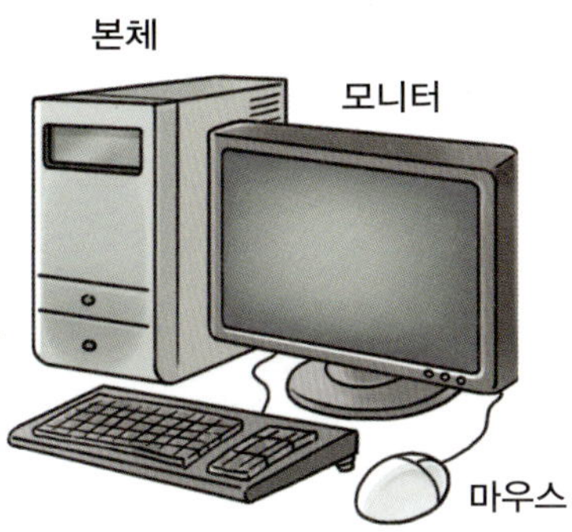

컴퓨터 세트

3)

여자 한복

1) 개미의 몸은 머리, 가슴, 배 세 부분으로 ______________________________.

2) 이 컴퓨터 세트는 ______________________________

____

3) 여자 한복은 ______________________________

____

2. 부분으로 나누고 각 부분을 간단하게 설명하십시오.

1)

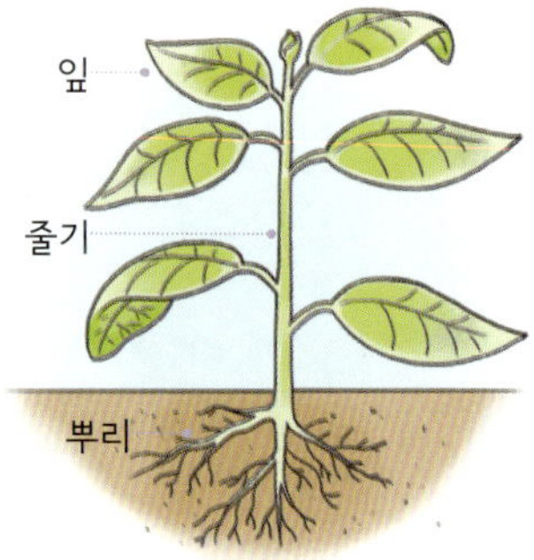

식물은 뿌리와 줄기와 잎으로 구성되어 있습니다. 뿌리는 ______________________

2)

쓰기 수업

- 준비단계
- 쓰기단계
- 정리단계

쓰기 수업은 준비 단계, 쓰기 단계, 정리 단계로 구성되어 있습니다. ______________________

3)

환경을 지키는 방법

1. ______________________

2. ______________________

환경을 지킬 수 있는 방법은 두 가지가 있습니다. ______________________

3. 다음 주제 중에서 하나를 골라 부분으로 나누고 자세하게 설명하는 글을 쓰십시오.

• 논설문의 구성 • 국가의 구성 • 행복의 조건

1) 선택한 주제와 나눈 부분의 중심 내용을 간단히 정리하십시오.

주제 :

2) 위에서 정리한 것을 중심으로 자세하게 쓰십시오.

정리해 봅시다

친구들의 글을 읽어 보십시오. 다음이 잘 되어 있는지 이야기해 보십시오.

- 설명한 대상을 잘 나누어 설명하고 있습니까?
- 설명한 것 중에서 빠진 것은 없습니까?

04 분류해서 쓰기

학습목표 : 정보를 분류하여 글을 쓸 수 있다.

준비해 봅시다

● 아래에 있는 그림을 둘로 분류하여 글을 쓰려고 합니다. 어떻게 분류하여 글을 쓰겠습니까?

● 여러분은 어떻게 분류했습니까?

먹이 관계에 따라서 소와 풀, 원숭이와 바나나로 나눌 수 있습니다.

동물인지 식물인지에 따라서 소와 원숭이, 바나나와 풀로 나눌 수 있습니다.

사람이 먹을 수 있는지 없는지에 따라서 소와 바나나, 원숭이와 풀로 나눌 수 있습니다.

도움말

분류는 정해진 기준에 따라 해야 합니다. 분류 기준은 분류하는 것의 특징에 따라 결정됩니다.

써 봅시다

1. 다음 그림을 기준에 따라 분류해서 써 보십시오.

1)

기준 : 소리를 내는 방법

서양악기는 소리를 내는 방법에 따라 ____________________

____

2)

기준 : ____________

자동차는 ____________________________

____

3)

기준 : ______________

딸기

토마토

참외

사과

포도

____

____

2. 그림을 보고 간단하게 분류하는 글을 써 보십시오.

1)

쓰레기

재활용 쓰레기

일반 쓰레기

종이

깡통

유리

플라스틱

쓰레기는 재활용할 수 있는지 없는지에 따라서 재활용 쓰레기와 일반 쓰레기로 나눕니다. 재활용 쓰레기는 ______________________________

____

____

____

2)

3)

04 분류해서 쓰기

3. 다음 주제 중에서 하나를 골라 분류해서 설명하는 글을 쓰십시오.

• 문학　　• 동물　　• 주택

1) 어떤 주제를 선택했습니까? 그 주제를 어떤 기준으로 분류하겠습니까?

주제 : ______________________

기준1 : ______________________

기준2 : ______________________

2) 분류한 내용을 그림이나 도표로 간단하게 정리해 보십시오.

3) 위에서 정리한 것을 중심으로 분류해서 쓰십시오.

정리해 봅시다

친구들의 글을 읽어 보십시오. 다음이 잘 되어 있는지 이야기해 보십시오.

- 분류 기준에 맞게 잘 분류되어 있습니까?
- 이해하기 쉽게 설명했습니까?

05 예시하여 글쓰기

학습목표 : 예를 들어 설명하는 글을 쓸 수 있다.

준비해 봅시다

- 기계의 발달과 현대생활의 편리'에 대하여 글을 쓰려고 합니다. 예로 적당한 것을 더 들어 보십시오.

도움말

어떤 사실을 설명할 때 구체적인 예를 들어주면 이해하기가 쉽습니다. 그리고 예를 들 때는 읽는 사람이 알고 있는 것이나 생활 속의 쉬운 예를 드는 것이 좋습니다.

써 봅시다

1. 다음을 보고 예를 들어 글을 완성해 보십시오.

1)

나라마다 문화가 다릅니다. 예를 들면, ______________________

____

____

2)

한국어와 중국말은 비슷한 점도 있고 다른 점도 있습니다. 예를 들면, ______________________

____

____

3)

'이심전심'이라는 말이 있습니다. 마음에서 마음으로 전한다는 뜻으로 말하지 않아도 서로 마음이 통할 때 쓰는 말입니다. 예를 들면, ______________________

____

____

2. 다음을 읽고 구체적인 예를 들어 글을 써 보십시오.

1)

대학교는 학문을 하는 곳입니다. 그리고 대학생은 우리 사회의 지식인입니다. 그런데 학교 안에서나 밖에서나 그렇지 않은 모습을 보이는 일부 대학생들의 모습을 가끔 보게 됩니다.

예를 들면, ______________________________

2)

'좋은 거짓말'은 해도 되는 것일까요? 어떤 사람들은 거짓이라는 것은 남을 속이는 행동이기 때문에 아무리 목적이 좋아도 잘못된 것이라고 생각합니다. 하지만 때로는 선의의 거짓말이 필요한 경우도 있습니다. 예를 들면, ______________________________

3)

석유와 전기 없이 살 수 있을까요? 자전거와 대중교통만 이용하고, 일회용 물건들과 플라스틱 물건을 사용하지 않고 지낼 수 있을까요? 물론 어렵고 힘든 일이지만 환경을 살리고, 지구를 살리기 위해서는 우리 모두가 해야 할 일입니다. 지구온난화 때문에 북극의 얼음이 녹고 바닷물은 점점 높아지고 있습니다. 북극곰도 살 곳을 잃어버리고 있고 많은 동물과 식물, 그리고 이제 곧 사람들에게까지 심각한 영향을 줄 것입니다. 따라서 우리는 지구온난화를 줄이기 위해 노력해야 합니다.

우리는 지구온난화를 줄이기 위해 여러 가지를 할 수 있습니다. 예를 들면, ______________________

3. **다음 주제 중에서 하나를 골라서 예를 들어 설명하는 글을 써 보십시오.**

- 생활 속의 민간요법
- 자기 나라나 다른 나라의 풍습

1) 주제에 맞게 예를 들어 보십시오.

(1) ______

(2) ______

(3) ______

(4) ______

2) 글을 완성해 보십시오.

제목 : ______

정리해 봅시다

친구들의 글을 읽어 보십시오. 다음이 잘 되어 있는지 이야기해 보십시오.

- 주제에 맞게 예를 잘 들었습니까?
- 예가 구체적이고 이해하기 쉽습니까?

06 의견 제시하는 글쓰기

학습목표 : 의견을 제시하는 글을 쓸 수 있다.

준비해 봅시다

● '교사가 체벌을 하는 이유'에 대한 글입니다. 의견에 대한 근거를 찾아보십시오.

나는 체벌이 필요하다고 생각한다. 교실에서 교사가 체벌을 하는 이유는 학생이 문제를 일으켰는데 대화로 문제 해결이 안 되는 경우에 체벌을 통해서라도 가르침을 주어야 하기 때문이다. 물론 교사는 감정적으로 학생을 때리면 안 되며 학생에 대한 관심과 사랑하는 마음으로 체벌을 해야 한다.

도움말

의견을 제시하는 글을 쓸 때에는 자신의 의견을 명확하게 나타내야 하며, 의견을 뒷받침하는 근거를 분명히 제시하는 것이 좋습니다.

써 봅시다

1. 다음 기사를 읽고 자신의 의견을 쓰십시오.

1)

지난 17일 뉴스를 진행한 김미선 아나운서의 옷차림에 대해 사람들의 의견이 시끄럽다. 이 날 서서 일기예보를 진행한 김미선 아나운서가 짧은 스커트를 입었기 때문이었는데, 'TV 뉴스에서 미니스커트를 입는 것은 보기가 안 좋다', '뉴스 내용은 안 들리고 치마에만 눈이 간다'고 하는 댓글이 많았다.

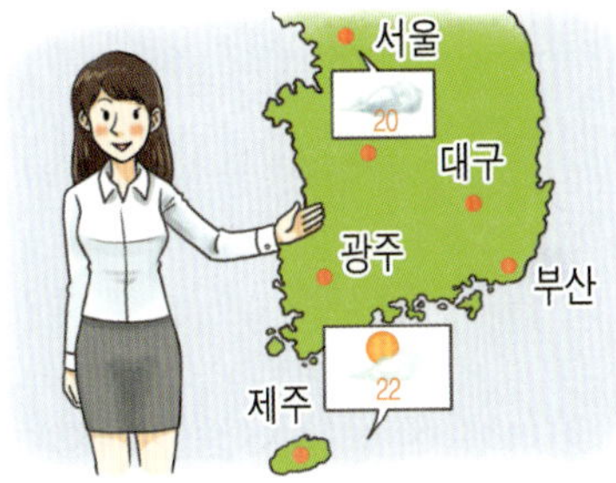

2)

축구 국가대표팀의 이정수 선수가 선배 최민철 선수에게 올림픽 출전 자격을 양보해서 화제가 되고 있다. 올해 19세인 이 선수는 이번 올림픽이 마지막 출전일 수 있는 23세 최 선수에게 자신은 다음에 출전해도 된다며 대표팀 출전을 양보했다.

3)

PC방에서 5일 동안 계속 온라인 게임을 하던 30대 남자가 죽은 사고가 발생했다. 어제 오전 한 PC방에서 32살 손 모 씨가 화장실로 가던 중 쓰러진 것을 종업원이 발견해 119에 신고했지만 결국 사망했다. PC방에 함께 있던 사람들은 5일 동안 손 씨가 PC방에서 식사를 거의 하지 않고 온라인 게임만 했다고 말했다.

2. 다음 기사를 읽고 자신의 의견을 쓰십시오.

1)

남학생과 여학생이 같은 학교에서 공부하는 남녀공학이 최근에 많아지고 있다. 한국의 초등학교는 모든 학교가 남녀공학을 실시하고 있으며, 중 · 고등학교의 경우는 아직 남학생과 여학생이 다른 학교에서 공부하는 곳이 많지만 새로 지어지는 학교들은 남녀공학이 많다. 그런데 어린이와 청소년 시기에 어떤 학교에서 지내는 것이 좋을까?

나는 남녀공학에서 공부하는 것이 어려서부터 이성에 대한 바른 생각을 가지게 하고 이성을 대하는 능력을 발달시킬 수 있어서 좋다고 생각한다.

2)

나는 아이에게 일찍 외국어교육을 시작해야 한다고 생각한다. 일찍 시작할수록 발음도 좋고 언어를 쉽게 배울 수 있다. 어떤 연구에 의하면 어린 나이에 언어교육을 시키면 언어 능력뿐만 아니라 아이의 지능과 성격에도 도움이 된다고 한다. 그리고 한 언어학자도 13살이 지나면 언어를 배우는 능력이 많이 떨어진다고 했다. 현재 사회에서는 외국어 능력이 필요하기 때문에 어렸을 때부터 외국어를 배워 두면 나중에도 도움이 될 것이다.

3)

우리는 기술의 발전으로 매우 편리한 생활을 하고 있다. 예를 들어 휴대전화의 발명으로 언제든지 원하는 사람과 통화를 할 수 있고, 이제는 휴대전화에 카메라와 컴퓨터 기능까지 있어 그 편리함은 더 커졌다. 이렇게 기술이 발전할수록 우리의 생활은 편리해지고 있다. 앞으로도 사람을 돕는 다양한 기술이 발전할 것이고, 우리는 그 속에서 편리함을 즐기기만 하면 될 것이다.

3. **다음을 읽고 자신의 의견을 제시하는 글을 써 보십시오.**

얼마 전 유명한 영화배우 최 모씨가 자살했다. 물론 자살의 이유에는 여러 가지가 있겠지만 그 중에 인터넷을 통해 퍼진 나쁜 소문이 가장 직접적인 이유였다. 확실하지 않은 소문이 인터넷을 통해 많은 사람에게 알려져서 마음의 상처를 입고 스스로 목숨을 끊은 사람이 적지 않다. 그리고 이렇게 인터넷으로 피해를 입는 사람은 연예인뿐만이 아니다. 우리도 누구인지도 모르는 사람으로부터 사실이 아닌 말이나 심한 말을 듣고 마음의 상처를 입을 수 있다.

1) 자신의 의견을 짧게 써 보십시오.

____

____

2) 뒷받침 근거를 써 보십시오.

- ______________________________
- ______________________________
- ______________________________

3) 자신의 의견과 뒷받침 근거를 이용하여 글을 써 보십시오.

제목 : ____________________

정리해 봅시다

친구들의 글을 읽어 보십시오. 다음이 잘 되어 있는지 이야기해 보십시오.

- 의견이 분명하게 나타나 있습니까?
- 의견을 뒷받침하는 근거를 적절하게 제시했습니까?

07 요약하여 글쓰기

학습목표 : 정보를 정리하여 요약하는 글을 쓸 수 있다.

준비해 봅시다

● 아래의 글을 가장 잘 요약한 것은 무엇입니까? 왜 그렇습니까? 이야기해 보십시오.

유학 생활을 하는 동안 생기는 어려움 중의 하나는 외로움입니다. 아는 사람도 없을 뿐만 아니라 말도 통하지 않고 모두가 바쁘니까 제 말을 들어줄 사람이 없습니다. 그럴 때 고향과 부모님이 생각나고 '유학을 잘 끝낸 후에 다시 비행기를 타고 고향에 무사히 갈 수 있을까?' 걱정이 됩니다. 이렇게 되면 사람들은 대개 술을 마시거나 다른 방법을 찾지만 어떤 사람은 그 외로움을 이기지 못하고 성격이 이상해지기도 합니다. 제 주위에서도 몇 명이 이런 어려움 때문에 공부를 포기하고 돌아가는 것을 보았습니다.

❶ 유학 생활을 하면서 고향과 부모님 생각이 많이 나서 고향에 무사히 돌아갈 수 있을까 걱정을 많이 했다.

❷ 유학 생활을 하면서 외로움을 이기지 못하고 성격이 이상해지거나 공부를 포기하고 고향에 돌아가는 사람이 많다.

❸ 유학 생활에서의 어려움 중 하나는 외로움으로, 외로움 때문에 유학생들은 술을 마시기도 하고 공부를 포기하기도 한다.

도움말

글을 요약하는 방법은 다음과 같습니다.

❶ 핵심어를 찾거나 주제문을 이용하여 요약을 합니다.

❷ 필요 없는 단어를 없애거나 긴 문장을 줄여서 요약을 합니다.

❸ 각 단락의 요약을 이용하여 전체 글을 요약합니다.

써 봅시다

1. 다음 글을 읽고 하나의 문장으로 짧게 요약해 보십시오.

1) 거짓말을 하고 있는 사람을 가만히 쳐다보고 있으면 그 사람은 눈길을 피한다. 그래서 말할 때 상대방의 눈을 보지 않고 말하는 사람은 믿기가 어렵다. 또 상대방이 가만히 나를 쳐다보고 하나하나 설명할 때 이해가 더 잘 된다.

⇨ 대화를 할 때 상대방의 눈을 쳐다보면서 이야기하면 ____________________

____.

2) 엄마의 뱃속에 있을 때부터 여자 아이는 남자 아이보다 입을 더 많이 움직인다. 태어나서도 여자 아이는 남자 아이보다 말을 더 잘한다. 2살 정도의 남자 아이는 44개의 단어를 사용하지만 여자 아이는 52개의 단어를 사용한다고 한다.

⇨ 여자는 남자보다 ____________________.

3) 우리 몸의 모든 부분은 모두 똑같이 자랄까? 우리 몸은 보통 약 20세까지 손과 발이 자라고 키가 크지만 뇌는 약 6세가 되면 더 이상 자라지 않는다. 하지만 머리카락과 손톱, 발톱은 죽을 때까지 계속 자란다.

⇨ ____.

2. 다음 단락을 읽고 중요한 단어에 표시하고 요약해 보십시오.

1)

사람들은 여러 가지 방법으로 다이어트를 한다. 식사를 굶으면서 다이어트를 하는 사람도 있고, 한 가지 음식만 먹는 방법으로 다이어트를 하는 사람도 있다. 하지만 이런 방법의 다이어트는 다이어트를 끝냈을 때 금방 다시 옛날처럼 살이 찌기 쉽다. 다이어트를 할 때는 먹는 양을 줄이는 것도 중요하지만 운동을 하면서 천천히 살을 빼는 것이 중요하다. 그렇게 살을 빼면 다이어트를 끝내도 금방 살이 찌지 않는다.

식사를 굶거나 한 가지 음식만 먹는 다이어트는 ______________________________

____

2)

우리는 손이나 표정으로 많은 이야기를 한다. 사람들이 손이나 표정을 이용해서 하는 표현은 수십만 가지나 된다고 한다. 그런데 이러한 손짓이나 표정이 나라마다 다른 것도 많다. 따라서 우리가 의사소통을 잘하기 위해서는 언어만큼이나 각 나라의 손짓이나 표정 언어를 잘 이해하고 사용하는 것이 중요하다.

사람들의 손짓이나 표정 언어는 ______________________________

____

3)

사막은 아주 뜨겁고 더운 곳에만 있는 것은 아니다. 사막은 아주 추운 곳에도 있다. 또 사막에는 모래만 있어서 보통 식물이나 동물이 살지 못할 거라고 생각한다. 하지만 사막에 사는 동물과 식물은 아주 다양해서 열대 지방에 사는 동식물 다음으로 사막에 사는 동식물의 종류가 많다고 한다.

사막은 ______________________________

____

3. **다음 이야기를 읽고 간단하게 요약해 보십시오.**

거짓말을 하고 있는 사람을 가만히 쳐다보고 있으면 그 사람은 눈길을 피한다. 그래서 말할 때 상대방의 눈을 보지 않고 말하는 사람은 믿기가 어렵다. 또 상대방이 가만히 나를 쳐다보고 하나하나 설명할 때 이해가 더 잘 된다. 따라서 설득을 할 때는 가만히 상대방의 눈을 쳐다보면서 이야기하는 것이 좋다.

하지만 이렇게 이야기할 때 상대방을 계속 쳐다보면 오히려 문제가 생길 수도 있다. 말할 때 상대방이 오랫동안 가만히 쳐다보고 있으면 불안감을 느낄 수 있기 때문이다. 시선은 상대방에게 관심이 있다는 것을 나타내기도 하지만 상대방에 대한 위협이 되기도 한다.

따라서 보통 대화를 할 때는 너무 오랫동안 상대방을 쳐다보지 않는 것이 좋다. 그리고 눈을 피할 때는 갑자기 확 피하지 말고 상대방과 눈을 마주치고 몇 초 지난 후에 살짝 눈을 피하는 것이 좋다. 이렇게 하면, 상대방에게 위협이 되거나 상대방의 기분을 나쁘게 하지 않고 믿음을 줄 수 있다. 그리고 '나는 당신의 이야기를 관심 있게 듣고 있습니다.'라는 메시지도 전할 수 있다.

시부야 쇼조 저, 최숙향 역. 〈행동으로 사랑 받는 방법을 가르쳐 드립니다〉 16쪽~18쪽 참조.

1) 위 글에서 각 단락의 중심 문장을 찾아 써 보십시오.

-
-
-

2) 위 글에서 가장 중심이 되는 단락을 찾아 보십시오. 그리고 그 단락을 짧게 써 보십시오.

3) 각 단락의 중심 문장과 중심 단락의 요약을 이용하여 전체 글을 요약해 보십시오.

정리해 봅시다

요약한 것을 발표해 보십시오. 다음에 대해 이야기해 보십시오.

- 어떤 방법으로 요약을 했습니까?
- 요약이 잘 되었습니까?

08 답안 쓰기

학습목표 : 질문에 적절한 답안을 쓸 수 있다.

준비해 봅시다

● 다음 글을 읽고 질문에 가장 적당한 답을 고르십시오.

선물은 언제 합니까? 축하할 때, 감사할 때, 미안할 때 합니다. 그런 마음을 전하는 것이 선물입니다. 주는 사람은 줘서 기쁘고 받는 사람은 받아서 기쁩니다. 그럼 결국 선물은 사랑이 아닐까요?

1) 이 글에서 말하는 선물은 무엇입니까? 한 단어로 쓰십시오.

□ 사랑 □ 사랑입니다 □ 선물은 사랑

2) 이 글에서 말하는 선물은 무엇입니까? 한 문장으로 쓰십시오. (15자 이내)

□ 사랑
□ 마음을 전하는 것
□ 선물은 마음을 전하는 것이다

3) 이 글에서 말하는 선물은 무엇입니까? 구체적인 문장으로 쓰십시오. (1문장, 30자 내외)

□ 선물은 마음을 전하는 것이다
□ 선물은 축하하고, 감사하고, 미안한 마음을 전하는 것이다.

도움말

질문에 맞게 답을 쓰려면 다음을 주의하십시오.

❶ 질문에서 지시한 대로 써야 합니다. (한 단어, 한 문장……)
❷ 글자 수에 맞게 쓰는 것이 좋습니다. 너무 적거나 많지 않게 써야 합니다. (50자 이내, 50자 내외……)
❸ 띄어쓰기도 글자 수에 포함됩니다.

써 봅시다

1. 아래 글을 읽고 질문에 맞게 답을 쓰십시오.

집을 살 때는 여러 가지를 생각해야 한다. 집은 우선 조용하고 편안해야 하기 때문에 집이 어떤 곳에 있는지가 중요하다. 다시 말하면 환경이 중요하다고 할 수 있다. 다음으로 현대인은 이동을 많이 하기 때문에 교통이 중요하다. 아무리 좋은 집이라도 교통이 불편하다면 하루하루의 생활을 편하게 할 수 없다. 마지막으로 직장이나 학교와 얼마나 가까운지 생각해야 한다. 집이 멀면 이동에 많은 시간을 써야 하기 때문에 위치가 중요하다.

1) 집을 살 때 생각해야 할 세 가지는 무엇입니까? (단어로 쓰십시오.)

_______________ , _______________ , _______________

2) 집을 살 때 생각해야 할 세 가지는 무엇입니까? (40자 내외로 쓰십시오.)

3) 집을 살 때 생각해야 할 세 가지는 무엇입니까? (100자 이내로 쓰십시오.)

2. 질문에 맞게 답을 쓰십시오.

1) '배보다 배꼽이 크다'는 한국 속담이 있습니다. 이 속담의 의미와 이 속담을 쓸 수 있는 상황을 예를 들어서 쓰십시오.

답

2) 아래 문장에서 틀린 부분을 맞게 고치고 그 부분이 왜 틀렸는지 설명하십시오.

주말에는 길이 막혀서 주중에 가십시오.

답

3) 1960년대부터 1980년대까지 농촌의 인구가 도시로 많이 이동했습니다. 그러나 최근에는 대도시의 인구가 주변의 소도시나 농촌으로 이동하는 현상이 나타나고 있습니다. 이런 현상이 나타난 원인을 50자 이내로 서술하십시오.

3. 아래 글을 읽고 질문에 답하십시오.

초등학교에서 담임 선생님이 일기장을 검사하는 것에 대해 반대하는 의견이 있다. 담임 선생님이 학생들에게 일기를 쓰게 하고 그 일기를 검사한 후에 평가하는 것은 일기의 진짜 의미와 다르다는 의견이다. 선생님이 일기장을 검사하고 평가할 것을 생각하면 진짜 자기가 쓰고 싶은 비밀이나 고민을 쓸 수 없다는 점에서 반대한다. 이런 단점이 있지만 일기장에 쓴 글을 통해서 학생과 선생님은 대화를 할 수 있다. 모든 고민을 다 쓸 수 없어도 일기장에 쓴 것에 대해서 선생님과 대화할 수 있다. 선생님이 학생들의 고민을 알고 조금이라도 도와줄 수 있는 기회가 된다. 즉, 일기장은 학생과 선생님이 주고받는 편지라고 볼 수 있다. 또한, 날마다 쓰는 일기를 통해서 학생들은 글쓰기 연습을 많이 할 수 있다. 날마다 일기를 쓴 학생과 그렇지 않은 학생의 차이는 아주 크다. 일기를 검사하고 평가하는 것은 선생님에게 힘든 일이지만 학생에게는 큰 도움이 된다.

1) 이 사람은 일기장을 무엇이라고 생각합니까? 한 단어로 쓰십시오.

____

2) 초등학생 일기장 검사의 단점을 정리하십시오. 25자 이내로 쓰십시오.

3) 초등학생 일기장 검사의 장점 두 가지를 정리하십시오. 50자 이내로 쓰십시오.

4) 이 사람은 초등학생 일기장 검사에 대해서 어떻게 생각합니까? 25자 내외로 쓰십시오.

일 기 장 검 사 는

정리해 봅시다

친구들의 글을 읽어 보십시오. 다음이 잘 되어 있는지 이야기해 보십시오.

- 질문에서 지시한 것에 맞게 잘 썼습니까?
- 답안의 내용에 틀린 것은 없습니까?

09 입말과 글말

학습목표 : 글을 쓸 때 좋은 표현과 어미를 활용하여 쓸 수 있다.

준비해 봅시다

- 어떤 글이 더 좋습니까? 왜 그렇게 생각합니까?

[가] 신문에서 봤는데, 밤에 많이 먹으면 살이 더 찌는 게 아니래. 아침에 먹어도 많이 먹으면 살이 찐대. 언제 먹는지가 중요한 게 아니고 얼마나 많이 먹는지가 중요하다는 거지.

[나] 신문 기사에 따르면 밤에 많이 먹기때문에 살이 찌는 것은 아니라고 한다. 아침에 먹어도 많이 먹으면 살이 찐다는 것으로, 먹는 시간보다 먹는 양이 중요하다.

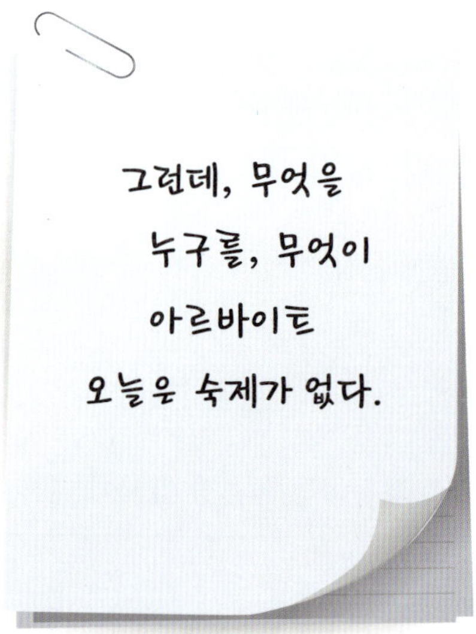

도움말

말하는 것과 글을 쓰는 것은 다릅니다.

❶ 말할 때는 조사를 빼고 말하기도 하지만 글을 쓸 때는 조사를 모두 넣어서 씁니다.

❷ 말할 때는 짧게 줄인 표현을 쓰기도 하지만 글을 쓸 때는 줄인 표현을 쓰지 않습니다.

써 봅시다

1. 글을 쓸 때 적당한 표현으로 바꾸십시오.

1) 조사를 넣어서 글말로 바꾸십시오.

❶ 오전에 비 안 왔어.
❷ 친구한테 받은 메일 답장 안 했어요.
❸ 도서관 가서 숙제하고 저녁 먹어요.

2) 밑줄 친 부분을 글말로 바꾸십시오.

❶ 알바 끝나고 여친과 영활 봤어요.
❷ 일욜에 친구를 만나서 아점을 먹고 쇼핑했어요.
❸ 학관 지하 1층 오징어 덮밥 강추입니다.

3) 밑줄 친 부분을 글말로 바꾸십시오.

❶ 이 식당에는 한식이랑 중국음식이 있는데요.
❷ 겨울 방학 동안에는 도서관이 한 시간 일찍 끝난대요.
❸ 다음 학기에는 몇 학점까지 신청할 수 있나요? 그것 좀 가르쳐 주세요.

2. 다음 글을 읽고 글을 쓸 때 적당한 표현으로 바꾸십시오.

1) 한 학생이 쓴 일기입니다. ✓ 부분에 적당한 조사를 넣어 글말에 맞게 고치십시오.

에는

우리 과✓ 중국학생이 나까지 모두 네 명이다. 다른 중국 학생 세 명은 동아리 활동✓ 열심히 하고 과 엠티✓ 모두 갔다 왔다. 나는 동아리✓ 들지 않았고 과 엠티✓ 한 번 밖에 안 갔다 왔다. 그래서 한국 학생들과 별로 친해지지 못했다.

다음 학기✓ 동아리 회원 모집✓ 할 때 동아리✓ 가입해야겠다. 많은 사람들✓ 만날 수 있는 동아리✓ 찾아야겠다.

2) 한 학생이 제출한 숙제의 일부입니다. 밑줄 친 부분을 글말에 맞게 바꾸십시오.

요즘 여학생들의 성적이 남학생들보다 높은데 그 이유 중의 하나가 컴퓨터 게임이래요. 그 이유는, 컴퓨터 게임을 많이 하는 남학생들은 하루에 3시간 이상 하고 그것보다 많이 하는 학생들도 많이 있거든요. 그것뿐만 아니라 게임 때문에 운동을 안 해서 남학생들 중에는 뚱뚱해진 학생들도 많다는 기사도 있던데요.

컴퓨터 게임이라고 한다.

3) 다음은 한국 친구에게 '결혼 하는 나이'에 대해 묻고 들은 내용을 정리한 보고서입니다. 글말에 맞게 고치십시오.

요즘 한국에서는 남자들은 30대에 결혼하는 게 보통인 것 같아. 결혼하는 나이가 점점 늦어지고 있지. 남자들은 군대도 갔다 와야 하고 취직도 해야 하고, 시간이 많이 걸려. 또 대학에 들어갈 때도 재수하는 사람도 있고, 나처럼 전공을 바꾸는 사람도 있으니까. 대학 졸업하는 데 7년이나 걸렸지. 아무리 빨라도 26살이 되어야 일을 시작하니까 빨리 결혼하는 사람이 26살, 27살이야. 여자들은 좀 더 빠를 수 있지만 말이야. 나도 결혼할 여자 친구가 있지만 아직 결혼할 준비가 안 되어 있어서 내년쯤이나 결혼할 수 있을 것 같아.

한국 남자의 결혼 나이는 왜 늦어질까?

요즘 한국 남자들은 보통 30대에 결혼한다. 결혼하는 나이가 늦어지고 있는 이유는

3. 요리사가 '새우튀김' 만드는 방법을 설명합니다. 새우튀김 만드는 방법을 글말에 맞게 정리하십시오.

정리해 봅시다

친구들의 글을 읽어 보십시오. 글 쓸 때 적당한 표현을 잘 썼습니까?

- 글말에 맞게 잘 썼습니까?
- 틀린 부분은 없습니까?

10 문법에 맞게 글쓰기

학습목표 : 문법과 규칙에 맞게 글을 쓸 수 있다.

준비해 봅시다

- 다음 글에서 틀린 부분을 찾아서 밑줄을 그으십시오.

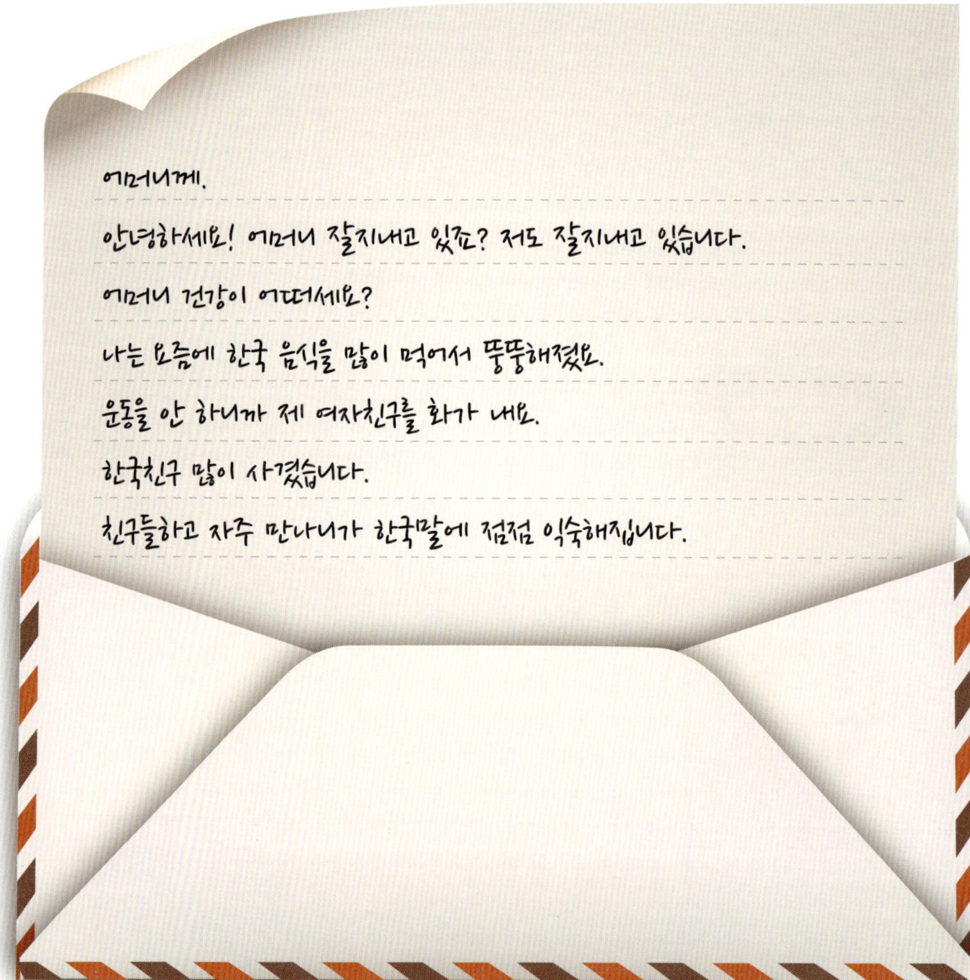

어머니께.

안녕하세요! 어머니 잘지내고 있죠? 저도 잘지내고 있습니다.

어머니 건강이 어떠세요?

나는 요즘에 한국 음식을 많이 먹어서 뚱뚱해졌요.

운동을 안 하니까 제 여자친구를 화가 내요.

한국친구 많이 사겼습니다.

친구들하고 자주 만나니가 한국말에 점점 익숙해집니다.

도움말

글을 잘 쓰려면 문법에 맞게 써야 하고, 맞춤법과 글을 쓰는 규칙을 잘 지켜야 합니다.

써 봅시다

1.

1) 다음에서 맞는 것을 고르십시오.

- 어머니(✓)/ 오모니(　)
- 떡볶이(　)/떡복기(　)
- 아니요(　)/ 아니오(　)
- 안 돼요(　)/ 안 되요(　)
- 내가 할게(　)/ 내가 할께(　)
- 예쁘지 않아요(　)/예쁘지 아니에요(　)
- 영수는 화장실에 갔는데요(　)/간데요(　)
- 여행했던 중에서(　)/여행했던 곳 중에서(　)
- 나뭇잎(　)/ 나무잎(　)
- 김치찌개(　)/ 김치찌게(　)
- 모자이에요(　)/모자예요(　)
- 안 매워요(　)/않 매워요(　)

2) 띄어쓰기가 틀린 것을 바르게 고치십시오.

- 김 영수
- 너는 할수 있어.
- 이 영화는 볼만 해요.
- 나는 언니가 제일 보고싶어.
- 할말이 있어요.
- 나에게는 너 밖에 없다.
- 옷을 한벌 샀다.
- 의자가 10 개 있다.
- 칠천팔백 구십팔
- 한국에 왔을때 하숙집에서 살았다.

3) 어휘와 표현이 잘못 사용된 것을 찾아서 밑줄을 긋고 맞게 고치십시오.

- 제 취미는 탁구를 하는 거예요.
  → 치는
- 공부를 열심히 해서 이번 시험을 잘 했어요.
- 지하철을 타면 여러 가지에 다 갈 수 있어요.
- 바람이 심하게 불어서 시원해요.
- 중국에서는 사람들이 습관 침대에서 잔다.
- 저는 침대가 크면 제일 잠을 잘 잘 수 있어요.
- 어렸을 때는 큰 집에서 살고 싶었는데 지금은 제 꿈이 변화했어요.
- 제 여자 친구와 저는 좋아하는 영화가 틀려요.

2. 다음은 문법이 틀렸습니다. 밑줄을 긋고 맞게 고치십시오.

- 안녕하십니까? 제가 웨이입니다. 중국에서 왔습니다.
  └→ 저는
- 저는 1년 전에 서울 살았습니다.
- 회사에 일합니다.
- 가족에 인사 좀 전해 주세요.
- 저는 우리나라 과일이 제일 좋아해요.
- 정희 씨 가족은 아주 행복한 가족이 있습니다.
- 두 개 목욕탕이 있습니다.
- 차츰 한국생활이 익숙해요.
- 저는 바다를 좋아해서 어렸을 때 항상 바다에서 놀고 있었어요.
- 한국에 온 지 한 달이 됐지만 아직 편지를 쓰지 않아서 죄송해요.
- 네가 여기에 있으면 얼마나 좋겠다.

3. 다음 글을 고치고 다시 써 보십시오.

어머님께

안녕하세요! 어머니 잘지내고 있죠? 저도 잘지내고 있습니다. 어머니 건강이 어떠세요? 나는 요즘에 한국 음식을 많이 먹어서 뚱뚱해졌요. 운동을 안 하니까 제 여자친구를 화가 내요. 한국친구 많이 사겼습니다. 친구들하고 자주 만나니가 한국말에 점점 익숙해집니다. 어제 비가 많이 옵니다. 비가 오니까 어머니하고 미국에 인는 친구 들이 생각이 나요. 어머니하고 미국 친구들을 생각할 때마다 고향이 그립습니다. 한국 생활이 아직 좀 힘드릅니다. 아직 모라는게 많아요. 모라도 한국이 살만하요. 어머니 많이 보고싶구 많이 사랑합니다. 여기서 편지를 끝나요. 피고내서 졸면서 편지를 쓰고있어요. 어머니가 시간이 있을 때 전화를 해주세요.

2012년 4월 24일 이영희.

정리해 봅시다

친구들의 글을 읽어 보십시오. 다음이 잘 되어 있는지 이야기해 보십시오.

- 문법, 맞춤법, 띄어쓰기에 맞게 잘 고쳐졌습니까?
- 어휘와 표현에 맞게 잘 고쳐졌습니까?

부록

:: 모범 답안

모범 답안

08 답안 쓰기

[써 봅시다]

1.

1) 환경, 교통, 위치

2)

주위 환경이 어떤지, 교통이 편리한지, 집이 어디에 있는지 생각해야 한다.

3)

조용하고 편한 곳에서 쉬어야 하기 때문에 환경이 중요하다. 현대인은 이동을 많이 하기 때문에 교통이 편리해야 한다. 이동에 걸리는 시간을 줄이려면 위치를 생각해야 한다.

2.

1) 주된 목적으로 쓴 돈보다 그에 딸린 부수적인 것으로 돈을 더 많이 썼을 때 쓰는 말이다.
예) 배보다 배꼽이 더 크다고 5만 원짜리 치마에 어울리는 모자를 샀는데 모자 값은 10만 원이었다.

2) '막혀서'를 '막히니까'로 고치거나 '가십시오'를 '갑니다, 갔어요' 등으로 바꾸어야 한다. '막혀서'에 사용된 연결어미 '-어서'는 뒷부분에 '-십시오, -읍시다' 등과 함께 쓰이지 않기 때문이다.

3)

도시를 떠나 한가하고 환경이 깨끗한 곳에서 건강하게 살고 싶어 하는 사람들이 많기 때문이다.

3.

1) 편지

2)

자기가 쓰고 싶은 비밀이나 고민을 쓸 수 없다.

3)

일기장을 통해서 선생님과 대화할 수 있고 글쓰기 연습을 많이 할 수 있다.

4)

일기장 검사는 학생들에게 큰 도움이 된다.

09 입말과 글말

[써 봅시다]

1.

1)

① 오전에 비가 안 왔어.

② 친구한테서 받은 메일에 답장을 안 했어요.

③ 도서관에 가서 숙제를 하고 저녁을 먹어요.

2)

① 아르바이트 끝나고 여자 친구와 영화를 봤어요.

② 일요일에 친구를 만나서 아침 겸 점심을 먹고 쇼핑했어요.

③ 학생회관 지하1층 오징어 덮밥 강력추천입니다.

3)

① 이 식당에는 한식과 중국음식이 있습니다.

② 겨울 방학 동안에는 도서관이 한 시간 일찍 끝난다고 합니다.

③ 다음 학기에는 몇 학점까지 신청할 수 있는지 가르쳐 주십시오.

2.

1)

우리 과에는 중국학생이 나까지 모두 네 명이다. 다른 중국 학생 세 명은 동아리 활동도 열심히 하고 과 엠티도 모두 갔다 왔다. 나는 동아리에 들지 않았고 과 엠티는 한 번 밖에 안 갔다 왔다. 그래서 한국 학생들과 별로 친해지지 못했다. 다음 학기에 동아리 회원 모집을 할 때 동아리에 가입해야겠다. 많은 사람들을 만날 수 있는 동아리를 찾아야겠다.

2)

요즘 여학생들의 성적이 남학생들보다 높은 이유 중의 하나는 컴퓨터게임이래요.

컴퓨터 게임이라고 합니다.

그 이유는, 컴퓨터게임을 많이 하는 학생들은 하루에 3시간 이상 하고 그것보다 많

이 하는 학생들도 많이 있거든요. 그것 뿐만 아니라 게임 때문에 운동을 안 해서

있기 때문입니다.

남학생들 중에서 뚱뚱해진 학생들도 많다는 기사도 있던데요.

기사도 있었습니다.

3)

다음은 한국인의 결혼 연령에 대해 들은 내용을 정리한 것이다.

요즘 한국 남자들은 보통 30대에 결혼한다. 결혼하는 나이가 늦어지고 있는 이유는 우선 군대에 갔다 와야 하고 취직을 해야 하기 때문이다. 대학에 들어갈 때 재수를 하거나 전공을 바꾸는 경우에는 대학을 졸업하는 데에 7년이 걸리기도 한다. 남자의 경우 빠르면 26살이 되어야 일을 시작하기 때문에 빨리 결혼하는 사람이 26살, 27살 정도 이다. 결혼할 상대가 있지만 준비가 안 되어 결혼을 미루는 경우도 있다.

모범 답안

3.

새우튀김을 만드는 방법을 설명하겠습니다. 재료는 새우 20마리, 밀가루, 계란 1개, 식용유입니다. 재료가 간단합니다.

▶ 먼저, 깨끗하게 씻은 새우에 밀가루를 묻혀서 접시에 놓습니다. 여기에 계란물을 묻힙니다.

▶ 준비한 재료를 튀깁니다. 튀길 때 중요한 것은 온도입니다. 새우튀김을 할 때는 180℃가 적당합니다. 기름에 다가 밀가루 반죽을 조금 떨어뜨렸을 때 1~2초 후에 올라오면 적당한 온도입니다.

▶ 새우를 하나씩 기름에 넣어 튀깁니다. 두 번 튀기면 더 맛있습니다. 이렇게 하면 새우튀김이 완성됩니다.

10 입말과 글말

[써 봅시다]

1.

1)

어머니(✓)/ 오모니( )	안 돼요(✓)/ 안 되요( )
나뭇잎(✓)/ 나무잎( )	안 매워요(✓)/않 매워요( )
떡볶이(✓)/떡복기( )	내가 할게(✓)/ 내가 할께( )
김치찌개(✓)/ 김치찌게( )	예쁘지 않아요(✓)/예쁘지 아니에요( )
아니요(✓)/ 아니오( )	영수는 화장실에 갔는데요(✓)/간데요( )
모자이에요( )/모자예요(✓)	여행했던 중에서( )/여행했던 곳 중에서(✓)

2)

- 김 영수 ⋯→ 김영수
- 나에게는 너 밖에 없다. ⋯→ 나에게는 너밖에 없다.
- 너는 할수 있어. ⋯→ 너는 할 수 있어.
- 옷을 한벌 샀다. ⋯→ 옷을 한 벌 샀다.
- 이 영화는 볼만 해요. ⋯→ 이 영화는 볼 만해요.
- 의자가 10 개 있다. ⋯→ 의자가 10개 있다.
- 나는 언니가 제일 보고싶어. ⋯→ 나는 언니가 제일 보고 싶어.
- 칠천팔백 구십팔 ⋯→ 칠천팔백구십팔
- 할말이 있어요. ⋯→ 할 말이 있어요.
- 한국에 왔을때 하숙집에서 살았다. ⋯→ 한국에 왔을 때 하숙집에서 살았다.

3)

- 제 취미는 탁구를 하는 거예요.(···› 치는)
- 공부를 열심히 해서 이번 시험을 잘 했어요. (···› 봤어요.)
- 지하철을 타면 여러 가지에 다 갈 수 있어요.(···› 곳)
- 바람이 심하게 불어서 시원해요.(···› 많이)
- 중국에서는 사람들이 습관 침대에서 잔다.(···› 습관적으로)
- 저는 침대가 크면 제일 잠을 잘 잘 수 있어요.(···› 아주)
- 어렸을 때는 큰 집에서 살고 싶었는데 지금은 제 꿈이 변화했어요.(···› 변했어요.)
- 제 여자 친구와 저는 좋아하는 영화가 틀려요.(···› 달라요.)

2.

- 안녕하십니까? 제가 웨이입니다. 중국에서 왔습니다.
  └› 저는
- 저는 1년 전에 서울 살았습니다.(···› 서울에서)
- 회사에 일합니다.(···› 에서)
- 가족에 인사 좀 전해 주세요.(···› 에게)
- 저는 우리나라 과일이 제일 좋아해요.(···› 을)
- 정희 씨 가족은 아주 행복한 가족이 있습니다.(···› 입니다.)
- 두 개 목욕탕이 있습니다.(···› 목욕탕이 두 개)
- 차츰 한국생활이 익숙해요.(···› 익숙해지고 있어요)
- 저는 바다를 좋아해서 어렸을 때 항상 바다에서 놀고 있었어요.(···› 놀았어요)
- 한국에 온 지 한 달이 됐지만 아직 편지를 쓰지 않아서 죄송해요.(···› 못해서)
- 네가 여기에 있으면 얼마나 좋겠다.(···› 좋을까.)

3.

어머니께(어머님께)
안녕하세요. 어머니, 잘 지내고 계시죠? 저도 잘 지내고 있습니다. 어머니 건강은 어떠세요? 저는 요즘 한국 음식을 많이 먹어서 뚱뚱해졌어요. 운동을 안 해서 제 여자친구가 화를 내요. 한국친구도 많이 사귀었습니다. 친구들하고 자주 만나서 한국말에 점점 익숙해지고 있습니다. 어제 비가 많이 왔습니다. 비가 오니까 어머니하고 미국에 있는 친구들이 생각이 나요. 어머니하고 미국 친구들을 생각할 때마다 고향이 그립습니다. 한국 생활이 아직 좀 힘듭니다. 아직 모르는 게 많아요. 하지만 잘 몰라도 한국이 살 만해요. 어머니, 많이 보고 싶고 많이 사랑합니다. 이만 편지를 끝내겠습니다. 피곤해서 졸면서 편지를 쓰고 있어요. 어머니, 시간이 있을 때 전화해 주세요.

2012년 4월 24일 이영희 드림.